Giraffe: 5 Affascinanti Per Ragazzi

Deborah Sykes

Titolo dell'edizione originale inglese:
Giraffes: 51 Fascinating Facts For Kids

Indice

Evoluzione e storia

1. Sebbene oggi la giraffa si trovi in natura solo in Africa, molti milioni di anni fa i suoi antenati vivevano in molte parti dell'Europa e dell'Asia.

2. Gli antenati della giraffa sono comparsi per la prima volta in Asia centrale circa 15 milioni di anni fa. Tuttavia, le prime testimonianze fossili della giraffa stessa, provenienti da Israele e dall'Africa, risalgono a circa 1,5 milioni di anni fa.

3. I cavernicoli si imbatterono per la prima volta nelle giraffe circa 5.000 anni fa e ne rimasero così impressionati da dipingerle nelle loro caverne. Alcuni di questi dipinti erano alti più di sette metri.

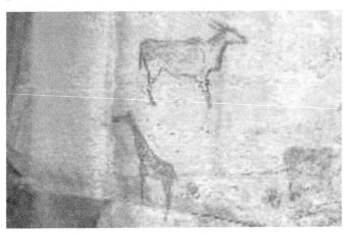

Pittura rupestre di giraffa in Botswana, Africa

4. Le prime giraffe avevano un collo corto che si è allungato con il passare del tempo. Ci sono molte teorie sul perché la giraffa abbia sviluppato un collo lungo, ad esempio per raggiungere le foglie in cima agli alberi, ma nessuno lo sa con certezza.

5. Per molto tempo le giraffe sono state chiamate "cammelli-leopardi", perché sembravano una combinazione di cammello e leopardo.

Cammello   *Leopardo*

6. Le giraffe furono nuovamente viste in Europa nel XIII secolo, quando il sultano d'Egitto ne regalò una al re di Napoli. Diventarono un bene prezioso per molti altri sovrani in Europa e in Asia.

7. Le giraffe furono portate per la prima volta negli Stati Uniti all'inizio del XIX secolo e divennero presto le attrazioni principali dei circhi itineranti.

Anatomia

8. Le giraffe sono gli animali più alti del mondo. I maschi adulti possono raggiungere circa 5,5 metri e le femmine adulte 4,5 metri.

L'animale più alto

9. I maschi adulti di giraffa pesano tra i 1.000 e i 1.400 chilogrammi, mentre le femmine pesano tra i 725 e i 1.180 chilogrammi. La giraffa è uno degli animali terrestri più pesanti del mondo.

10. La giraffa ha la coda più lunga di qualsiasi altro mammifero sulla terra. Può raggiungere una lunghezza di 2,75 metri.

11. La lingua delle giraffe è lunga circa 45 centimetri. È colorata di blu, perché si pensa che serva a proteggerla dal caldo sole africano quando si nutre.

Una giraffa allunga la lingua per nutrirsi

12. Il cuore di una giraffa è grande come un pallone da basket ed è il più grande di tutti i mammiferi terrestri, con un peso di circa 11 chilogrammi. Pompa 60 litri di sangue in tutto il corpo ogni minuto.

13. Le zampe anteriori della giraffa sono più lunghe di quelle posteriori, il che significa che il dorso è fortemente inclinato.

La schiena inclinata di una giraffa

14. Le spalle di una giraffa devono essere molto forti per poter sostenere il collo e la testa pesanti. Il collo e le spalle sono uniti da molti muscoli, il che significa che le spalle non sono troppo sollecitate dal peso del collo.

15. Il disegno e la colorazione del mantello delle giraffe forniscono un'eccellente mimetizzazione, il che significa che sono difficili da individuare quando stanno in piedi o camminano tra gli alberi alti. Come le impronte digitali di un essere umano, ogni giraffa ha un disegno unico sul suo manto.

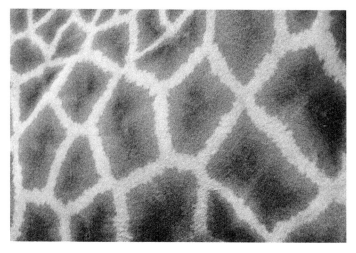

Il disegno sul mantello della giraffa

16. La giraffa ha delle valvole nel collo che impediscono al sangue di scendere nel cervello quando abbassa la testa per bere acqua.

17. I muscoli del naso sono abbastanza forti da permettere alla giraffa di chiudere completamente le narici per evitare l'ingresso di polvere, formiche e sabbia.

18. Anche se ha un collo lungo, la giraffa ha lo stesso numero di vertebre di un essere umano, anche se ognuna di esse può essere lunga 25 centimetri!

19. Un maschio di giraffa adulto ha zoccoli grandi come un piatto da cena, di circa 30 centimetri.

20. Sia i maschi che le femmine delle giraffe hanno un paio di corna ricoperte di peli sulla testa chiamate "ossiconi". Non si sa a cosa servano, perché le femmine non li usano per nulla e i maschi li usano solo quando combattono tra loro.

Gli ossiconi di una giraffa

Habitat

21. Le giraffe vivono nelle savane dell'Africa. Una savana è una grande area erbosa con alberi abbastanza distanziati tra loro da permettere alla luce del sole di raggiungere il suolo, a differenza di una giungla dove gli alberi sono così vicini tra loro che difficilmente passa la luce solare.

22. Le giraffe vivono nell'Africa orientale, meridionale e centrale. Un tempo si trovavano anche in altre parti dell'Africa, ma sono scomparse da queste zone a causa della caccia.

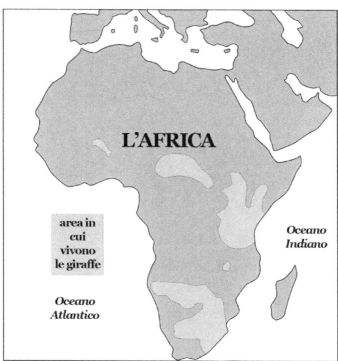

L'AFRICA

area in cui vivono le giraffe

Oceano Indiano

Oceano Atlantico

Sensi

23. La giraffa usa gli occhi, le orecchie e il naso per individuare i pericoli, trovare il cibo e sorvegliare i suoi piccoli.

24. Gli occhi della giraffa sono situati su entrambi i lati della testa, il che consente una buona visione a tutto tondo. Le giraffe hanno una vista eccellente e, grazie alla loro altezza, possono vedere a grandi distanze.

25. Le giraffe hanno un udito eccellente e un ottimo olfatto. Possono muovere le orecchie verso la provenienza di un suono.

Alimentazione e bevande

26. Le giraffe sono mangiatrici di piante e si nutrono di foglie e germogli di alberi. Le foglie dell'acacia costituiscono la parte più consistente della dieta delle giraffe. Mangiano anche frutta, semi e fiori.

Una giraffa si nutre di un albero di acacia

27. Grazie al collo e alle zampe lunghe, la giraffa può mangiare le foglie in alto sugli alberi. I maschi mangiano le foglie più alte, mentre le femmine quelle più vicine al suolo.

28. Lo stomaco della giraffa è diviso in quattro camere separate che digeriscono il cibo molto bene. Ma prima che il cibo raggiunga lo stomaco, la giraffa lo mastica, lo rigurgita e lo mastica di nuovo.

29. Gli alberi di acacia hanno lunghe spine per impedire agli animali di mangiare le loro foglie, ma queste non fermano le giraffe! Le loro labbra spesse, la loro lingua e la loro abbondante saliva le proteggono dalle spine affilate.

30. Quando beve in una pozza d'acqua o in un fiume, la giraffa deve allontanare le zampe anteriori, piegare le ginocchia e abbassare la testa. Questa operazione è scomoda e pericolosa, poiché leoni o coccodrilli possono facilmente afferrare una giraffa quando è piegata.

Una giraffa beve in una pozza d'acqua

31. Le giraffe possono stare per giorni senza bere, poiché la maggior parte dell'acqua proviene dalle foglie che mangiano.

Comportamento

32. Le giraffe si spostano in branchi, che possono essere di pochi animali o di molte decine. Le giraffe maschio vivono principalmente in branchi con altri maschi, mentre le giraffe femmina preferiscono far parte di un branco di sole femmine. Le giraffe maschio più anziane spesso vivono da sole.

Un branco di giraffe

33. I giovani maschi cercano di stabilire il loro dominio in un branco combattendo tra loro usando il loro lungo collo come arma. Due giraffe maschio si avvolgono il collo l'uno all'altro e lo fanno oscillare per colpire il corpo dell'altro animale.

34. I combattimenti di solito non sono pericolosi. Spesso i combattimenti si concludono in pochi minuti e il perdente si allontana.

Due giraffe che combattono

35. Le giraffe passano la maggior parte del tempo a nutrirsi, mentre il resto lo passano a cercare il cibo o a digerire quello che hanno appena mangiato.

36. Le giraffe hanno bisogno di pochissimo sonno, a volte poco meno di venti minuti al giorno. Dormono spesso in piedi durante il giorno e normalmente si sdraiano solo di notte.

Giovani giraffe

37. Una giraffa appena nata pesa circa 100 chilogrammi ed è alta quasi due metri, più di molti adulti umani!

38. Una giraffa appena nata si alza in piedi entro venti minuti dalla nascita e cammina dopo un'ora.

39. Durante la prima settimana di vita, una giraffa cresce di circa 2,5 centimetri al giorno e dopo un anno avrà raddoppiato la sua altezza.

40. Le giraffe femmine sono completamente cresciute all'età di cinque anni e i maschi all'età di sette.

41. Un giovane maschio di giraffa è pronto a lasciare la madre all'età di circa 15 mesi, quando si unirà ad altri giovani maschi per formare un branco. Le giovani giraffe femmine se ne vanno a circa 18 mesi, ma di solito restano nella stessa area della madre.

42. Una giraffa femmina può avere sei o sette vitellii nel corso della sua vita.

Movimento

43. A differenza della maggior parte degli altri mammiferi a quattro zampe, la giraffa cammina muovendo contemporaneamente in avanti entrambe le zampe di un lato del corpo, seguite da quelle dell'altro lato.

Una giraffa che cammina

44. Quando corre, la giraffa muove contemporaneamente in avanti entrambe le zampe posteriori, seguite da quelle anteriori. Anche il lungo collo e la testa pesante si muovono in avanti e indietro per aiutare l'equilibrio.

45. Grazie alle zampe lunghe e forti, la giraffa può correre a una velocità di 60 chilometri all'ora su brevi distanze e di 16 chilometri all'ora su distanze più lunghe.

Fatti vari sulla giraffa

46. La giraffa ha un parente, l'okapi, che vive nel Congo, in Africa centrale. L'okapi ha una forma simile a quella della giraffa, ma ha un collo molto più corto.

Un okapi

47. Sebbene la madre di un giraffino sia in grado di sferrare potenti calci per sbarazzarsi di qualsiasi predatore, circa la metà dei vitelli di giraffa non sopravvive al primo anno di vita.

48. Il nome scientifico della giraffa è "Giraffa camelopardalis", che significa "uno che cammina velocemente; un cammello marcato come un leopardo".

49. I grandi animali di solito hanno un battito cardiaco lento, ma il cuore di una giraffa batte circa 150 volte al minuto, più di due volte al secondo!

50. Una giraffa sana vive circa 25 anni in natura e circa 28 anni in cattività.

51. I primi mesi di vita di una giraffa sono i più pericolosi, poiché è il momento in cui è più a rischio di attacchi da parte di leoni, iene e leopardi.

Illustrazioni

Pittura rupestre di giraffa in Botswana, Africa
cj Huo, CC BY-SA 1.0
<https://creativecommons.org/licenses/
by-sa/1.0>, via Wikimedia Commons

Cammello (fatti 5)
Jjron
https://creativecommons.org/licenses/by-
sa/3.0/deed.en
https://creativecommons.org/licenses/by-
sa/3.0/legalcode

L'animale più alto
Bernard DUPONT from FRANCE, CC BY-SA 2.0
<https://creativecommons.org/licenses/
by-sa/2.0>, via Wikimedia Commons

Gli ossiconi di una giraffa
D. Gordon E. Robertson, CC BY-SA 3.0
<https://creativecommons.org/licenses/
by-sa/3.0>, via Wikimedia Commons

Una giraffa si nutre di un albero di acacia
Steve Garvie from Dunfermline, Fife, Scotland,
CC BY-SA 2.0
<https://creativecommons.org/licenses/
by-sa/2.0>, via Wikimedia Commons

Due giraffe che combattono
hyper7pro, CC BY 2.0
<https://creativecommons.org/licenses/by/
2.0>, via Wikimedia Commons

Una giraffa che cammina
(WT-en) Jpatokal at English Wikivoyage, CC
BY-SA 3.0
<https://creativecommons.org/licenses/
by-sa/3.0CC BY-SA 3.0 Creative Commons
Attribution-Share Alike 3.0>, via Wikimedia
Commons

Un okapi
Charles Miller, CC BY 2.0
<https://creativecommons.org/licenses/by/
2.0>, via Wikimedia Commons

Printed in Great Britain
by Amazon